ХОД ПРАЗНИНОМ

ХОД ПРАЗНИНОМ

Владимир Радовановић

Globland Books

БЕЗ ПАМЕТНОГ НАСЛОВА

Желео сам да изгребем очи,
али нисам.
Сјај, макар и блед,
никуда не иде.
Усне бих посекао
истрошеним бријачем,
нека крваре и ћуте.
Волим те лажи из бунара нежеље.

Косу бих изрезао,
да не буде украс лицу.
Нисам.
Портрет блед и прљав
блато скрива.

Све што нисам,
избрисано је.

БЛЕДИЛО

Врело лето сам отпустио.
Два дана су личила
на умрла сећања.
Лепљивим додирима сам их натерао
да избледе.

Две одбегле хијене
у устима су носиле плен.
Прашина уморне земље је спавала,
није имала за ким да се диже.

Дрво је крикнуло са првим мразом
певајући оду болу огољених грана.

ЛЕДЕНА КРАЉИЦА

Крунисала је себе,
на распуклом стаблу,
у леденој ноћи,
круном исплетеном
од промрзлих грана.

Гордо је газила дубоки снег,
босих ногу.
Крвави трагови
били су кочије.
Ноћне птице,
понизни поданици.

Сан је био несан!
Мирис устајалости је оковао
крваве точкове.

ПЛЕС ТИШИНЕ

Прострелио сам твој поглед.
Тишином сам уловио мисао.
Нисам се себи учинио моћан,
знао сам да зрно песка није мало.

Рекла си да ниси.
Не верујем, јеси!

Зграбио сам скривеност,
пристала си да те пленом назовем.
Заустила си ону реч...
Добро познајем ту реч.
Никада те нисам сусрео,
била си моја одбеглост.

Врелим мислима
одгурнула си кораке.
Хладним прстима
грлила жељу.
Пристала си,
круг си оба ока.

Гашење врелог дана
и твоја песма.
Веровала си да никада
без тебе нећу лутати.
Избрисао сам те,
јер због тебе
моје лице почиње да бледи!

ТУНЕЛ И БЕЗИМЕНИ СПОМЕНИК

„Милошћу" је покопан.
Одломљени крај тунела,
заборављени комад ћорсокака,
скоро заборављена станица.

Њега нису питали
где ће празнина
последње светло дотаћи,
наменили су му заборављено.

Последња жеља не постоји.
Ни избор.
Покорно захвалан мора бити,
„милошћу".

Он никада није одговорио.
Прећутао је питања,
а тишина само једно значи.
Овде спава...
Празнина,
скривеност.

НЕ МОГУ БИТИ КОПИЈА

Нудиш ми твоје ципеле,
ходам бос.
Не могу,
нећу их обути,
ходам бос.
Ране ми се множе
од туђих бекстава.

Кажеш да лице ми не видиш,
мраком сам га обојио.
Усиљен и плачљив
израз је твог лица.

Пророкујеш
да Ад сам скоро дотакао.
Камен је у уму
и испливаћу у рачвама ушћа.

Срећна је твоја илузија,
огледало није привид,
али ја...
Не могу бити копија.

ПРЕДГРАЂА

Иза украшених кавеза гордости
постоје симболи трошне моћи.
(Не) постоји свет.
Избрисан је у годинама
које су растргле хијене.

Посечене улице,
раскопани ровови невођених ратова
где су победници изабрани коцком.

Читуље падају
заједно са трулим стубовима.
Наквашена лица су лажна,
покрадена из сећања.

НИШТА

Радостан сам.
Уживам.
Верујем и надам се.
Ходам по облацима.
Не желим да верујем
да су моје жеље непостојеће,
да сам их измаштао.

Пад по клизавим сновима,
устанем, отресем туђу злобу,
раширим руке, милујем сунце.

Будан сам.
То је сан! Чаробан, али...
Сан и Ништа од свега!

ТУЂИ ЖИВОТ

Поклањаш свој страх,
скривен од звери.
Живот сенке живиш,
украден и у нестајању.

Додир туђег дана желиш,
мирис коже
и отргнуту кошуљу.

Камени поглед,
муком угашена радост,
страст мириса устајалости,
сновима избрисани дани.

Тражиш храброст у поразу.
Мач на поду, знак предаје!
Теби?
Туђи живот не можеш живети.

ОГЛЕДАЛО

Илузија је посматрала себе
у огледалу!
Облик је брисао себе
у огледалу!

Искривљеног осмеха,
пољубила је себе.
Смртно озбиљан израз лица
уплашио се отиска пољупца.

Понудила му је плес.
Без додира.
Одбио је постојање без страсти.
Прекрила му је очи
нудећи себе.
Прихватио је.
Нестајањем.

ДАТУМ

Не сећам се датума,
прохујао је кроз памћење.
Претходне године,
оне најудаљеније у сећању
свих избрисаних година.

Не видим исти датум
будућег времена,
године једнако невидљиве,
као оне заборављене.
Сразмерно недостижне, избрисане.

Заборавио сам тренутак
из претходног лутања,
из магле ишчезлог живота.

ЦРТЕЖ

Руке страшила,
лица чедне лутке,
кармином су обликовале
осмех кловна.
Пајац је био тужан.
Бесом је горео лед.

Крпена лепотица
осмехом зла,
ћутањем,
изговарала је наредбу.

Разливене боје облика,
исплажен змијски језик.
Најдражи поклон
заводљивог страшила.

ПОГЛЕДИ У ПРАЗНО

У истом граду,
на почетку и крају
кривудаве улице,
живе два бића
која се нису сусрела.

Познавали су се
боље од других,
али нису знали
за постојање!?

Рекла је да коначно путује,
доле или горе,
не зна, али зна
да ће је пронаћи.

Тебе волим!
Ти не знаш шта осећаш!
Живиш живот који не желиш,
а мој си изабраник.
Баш зато те волим...

АКО

Ако ми змијским језиком шапућеш,
тишином ћу трагове видети.
Ако не сусретнеш очи,
ја ћу хватати лисицу у бегу
као истрајни ловац.

Ако канџама лице ми изгребеш,
отров ћу разлити,
папир ће бити камена плоча.

ГРОТЕСКА

Светла, невидљива сенка
бојама је бледила таму.
Скривени месец био је путоказ.

Јутро поспано,
рађало је дан.
Муње су укрштале мач,
јуришајући ка сунчевим рукама.

Мудри лудак
изговарао је истините лажи.
Празна гомила облика
у трансу је певала оде.

Он?
Скривен, сањао је
да је крештава птица...
Лабуд!

ПРИВИД

Привид је...
Месечева светлост,
а ја уживам док ходам сном.

Привид је и јутро,
када замишљам
дан у гашењу.

Привид је да видим...
Ја видим привид.

НАРУШЕНОСТ
(промицање)

Екстаза је усхићено крикнула
потиснуту жељу.
Нас двоје, троје, и ти.
Сви (за)једно!
Три тачке нестварног сна,
чувари страсти и ја, ваш сан.
Ужарено слепило,
прећутана историја болести,
тишина снажнија
од речи ветра.

Осмех ишчекивања,
температура јутра (37:2).
Празни ход времена
и поглед слепила...
Усне модре пред смрт,
мирис постићености.
Последња прећутана жеља
и пут у неповрат.

САМООБМАНА

Испратио сам свршени
тренутак прошлости.
Осмехом сам охрабрио себе,
крај је.

Уснио сам дан
који није рођен.
Желео бих га у једном буђењу.

Димом цигарете
клизим са невидљивим сада.
Ишчекујем надање.
Касно је, чујем одговор.

СТАЊЕ ОБЛИКА

Пробуђен сам.
Мамуран и гневан,
желим да будан сам,
да јутро има смисао...
Спавам!

Будан сам,
корачао бих, трчао бих!
Чинио бих све уобичајено?!
Не желим!
Било шта?
Ходао бих, не треба ми лутање.

Све сам толико пута скупио у погледу.
Укрштени путеви света
у мојим су корацима.
Размишљам о смислу,
то ме чини несрећним.
Желим хладну цев и врели пламен!
Да све траје тренутак.
И нестане.

Подне је хладно,
зимски дан на трону.
Стање облика је сан облика.
Сан облика је у положају ковчега.

Не, није јутро,
ноћ је!
Не, није ни она,
стање облика је.

НАЈДАЉЕ

Првог јутра,
када је измакао
ненајављеној смрти,
препешачио је умор.

Трећег јутра,
кроз маглу,
сећао се путовања
кроз одлуталост.

На истеку пролећа,
у истрошеном кишном месецу,
смело је завиривао
у забрањене празнине.

Врелина топи.
Кораци су прашњавог укуса,
зауставља их,
оставља за наредни дан.

Руком скрива очи
од ужареног врха планине.
Сања и назире
да је најдаље од себе,
испод сенке врелине.

ТРЊЕ И СВИЛА

Ја и анти ја,
слатким отровом змије,
отварао сам,
ране исконском њему,
разбојнику пустиње.

Ја и анти ја,
успављивао сам болно буђење.
Разбојник би настављао варварство,
увек иза буђења.

Злурадо весели
били смо ја и анти ја,
гледајући крваве трагове
у врелом песку.

Разбојник је долијао,
понижен и осрамоћен,
чека се последњи његов крик
да „радост" Ада прокључа.

Зло сам и правда је
да изгорим вечно — чула се суза.
Речи твоје спасиле су те,
за који тренутак бићеш вечан.

ЖЕЉА ЈЕДНЕ СЕНКЕ

Жеља се буди пре тела
са тешким последњим мраком.
Жеља је мисао,
нејака и полумртва,
али жеља.
Будећи се, сенка је испусти, обоји.
Пожели да запали сенку
и одшета дугом невидљивости.

Спирајући умор сна,
мисли о њој и призива је.
Кроз колутове дима
украшава рам постојања.

Чврсто загази на „минско" поље
празних искушења,
до разбијеног огледала.

Бледи сан, бледе вечери,
неосетно исцурео дан.
Прегажена и изгубљена жеља
крстари кроз празнину.

Преварена сенка
призива нови дан,
узалуд,
јер је тело збацило тешку ноћ,
узалуд,
јер жеља није сан.

ХОД ПРАЗНИНОМ

Босих ногу газио сам трње
и врели асфалт.
Крваве трагове лизале су
дивље звери.

Стакло је резбарило
линије бекстава
док су, све немоћније,
ослонци нестајали.
Оковани пред обалом,
давили су се.
Не памтим први корак,
сећам се бедних лешинара
покошених страхом,
пацова измилелих из рушевина.

Последњи корак далеко је,
ход празнином траје.
Празнина из последње наде,
неугашене...

ИСКРИВЉЕНОСТ

У плашљивом погледу
био сам чудак
очију боје крвавог месеца.

Прве изговорене речи
мртвог постојања
изазвале су смех страха
и прво бекство.
Оковани кораци
вратили су се.

Разум је поклекао
пред тихом бујицом.
Био сам дечак из јесени,
магично привлачан,
унакажене душе,
оловних мисли.
И врели лед сам био.
Дивљи, изгубљени луталица
бетонске пустиње.

Све сам био!
До последње речи
и најдужег врелог дана.
Био сам изломљени облик свега.

НА КРАЈУ

Недосањани сан ветрова,
одсањао сам.
Сенка је нестала,
тамом сам је избрисао.

Звук хромих корака
прекрио сам живим блатом.
Сенка је нестала,
привид је „истина".

И, све што нисам желео,
учинио сам.

Наде прозирних обриса
биле су моје дело.
Нису ме поразиле
слепе жеље кукавица,
постале су... Ја!

СЛИВНИК

Није било летње кише,
мириса коже,
нагости погледа
да испуниш дланове.

Јесен је,
труло лишће дави
ситне капи,
сахрањују мртви дан.

Угашена је ватра
чедне блуднице
која комадом леда
гаси вулкан.

Сливник је одзвањао
покислим лишћем,
речима посеченим
и гордошћу мучења.

Дуго је трајала
магловита опсена,
змијски ум изабрао је
устајалост поновљених дана.

ПЛЕС СУТРАШЊЕГ ДАНА

Поглед у вечност
био је умирући.
Врели адски слуга
спремао се да посече врат.
Иза убода копља
цурила је прљава буђ.
Крви није било
да искупи све грехове,
покрадене са забрањених уточишта.
Стаклени осмех
и шкргут изломљених зуба,
змија као украс на грудима,
све сикће у лому.
Последњи замах и...
Самоуништење је устало
и повело последњу битку
против себе.

НЕСТВАРНО

Са НЕ! почиње
моје поражено ћутање.
Нисам Давид
да праћком
усмртим дан — ГО(лијата),
да посматрам пад
унакаженог адског дана,
који је био и следи.

Не видим ход
порочног младића
који безглаво тражи себе.

Не чујем његову молитву,
док тражи опроштај свом лику,
руком, у изломљеном огледалу.

Босонога девојчица
милује рањену лутку.
Плеше по мртвима
и сања венчање у сивом.

Празним одбијањем
тражим опроштај.

Зашто нисам усмртио дан?
Празнина терета увек
тежи 21 грам.

Несигурни кораци,
као и пре...

Зар само једна кап
да прелије окрњену,
лепљиву чашу?

Време је давно заустављено.
Само сам звук умрлих откуцаја
тек сада успео да ослушнем.
Дуго траје, тренутак.

ПРОЛАЗНИК

Док ходам улицама,
само мени намењеним,
знам да све је моје:
и први корак,
и први сигуран корак,
и сваки наредни,
и онај последњи.

Ко сам?
Пролазник?
Странац?

На том путу често
избришем,
избледим себе,
па се вратим
и болно сазнам
да све оно
што сам волео,
не постоји више.
Узалуд тражим.
Не постојим ни ја,
носим жиг пролазности.

Само ретке птице опстају,
сударају се, одлете,
траг остављају.

И даље ходам.
Ко сам?
Пролазник?
Странац?
Нико?

ИЗЛОМЉЕНА ОГЛЕДАЛА

Он је ја.
Пресретне моје кораке,
подметне ногу,
сачека, насмеје се, побегне.

Она је ја.
У изломљеном огледалу
грубе црте лица
ишара бледилом отмености.

Ја нисам он.
Јасно видим отисак себе
у јутарњој магли.
Да, смеје ми се из скривености.

Она је често ја,
на скривеном месту,
када снажно,
до сјаја очисти огледало.

Ја нисам она,
када закорачим
низ степенице непостојећег света.
Она је испарила на врелини.
Претворила се у спарину
што узима дах.
Кап ме је упозорила, киша је.

ИЗМАГЛИЦА И НАЛИЧЈЕ

Нечујни ход
ходача до краја.
Промицање бегунаца
ка првом кораку.

Мирис одбеглости,
укус јутарње измаглице.
Успавани погледи,
трагови капи на корацима.

Обојена празнина погледа,
видљиви мрак следећег корака.
Дим угашене ватре
и врата кроз која се не пролази.

Наличје невидљивог.
Облик који не постоји.
Сусрети који опстају
у наметнутом избегавању.

КОНАЧНО

Изазов је избрисао све.
Шупље мисли
врелих жеља су нестале.

Оштрим резом
нестало је време,
пажљиво скривено
на дну ковчежића.

Онај није дао мир.
Шапутао је:
Слабост ће надвладати,
порив крикнути.

Оправдање је у непостојању.
Опасност је ћутање!
Он, живи сведок
сопствене располућености.

О... коначно је.

СРЕДЊЕ С(Т)(Р)АЊЕ

Не презирем,
гаде ми се!
Шупље главе
и празне мисли.
Успавана важност,
празна гордост.

У сну избледелом
крхотине су чежње.
Гњиле слике
и ланци одмерених путовања,
небитних симбола.

Пажљиво изабране
боје књига.
Изнуђена туга каска
за изгубљеном срећом.
Мирис плина
који не убија тело,
само ум претвори у паучину.

Клањање златном телету
скупа је цена части.
Презирем...
Не, гади ми се,
наметнути симбол цене уништења.

МИНИЈАТУРА

Крилима оловних тегова
замахнуо сам.
Крилима мени
видљивим,
у живо блато
потискивале су ме
челичне ципеле.
Наредни корак био је ближи
крају пута.
Чврсто сам стезао маглу,
која је сакрила сунце.
Уморан,
наслонио сам
снове у глину.
Упрљаног лица,
утонуо сам у сан.
Сањам, дуго.
Између...

ОБЛИК

Најлепши украс је Човек!
То му је име.
Некада се називао тако.

Сада је облик,
прекривен костур
који испуњава простор,
отима време.
Потамни сунце,
удави реку,
спали дрвеће,
исмева творца.

Лукав је облик,
вара све.
Похлепан и превртљив,
отима из навике.
Кораци којима гази,
плес су утвара.
Глас којим се осмехује,
вечера за хијене.

Некада је био
и сада је...
Оно што није.
Можда поново биће?

ДА...

Да живим
у огромној џунгли,
у врелини
непостојећег постојања...

Два пута бих закључао врата,
вратио се са улаза,
да проверим
да ли сам без трагова
оставио себе.
Себе бих слагао
да морам пронаћи трафику
где има мојих цигарета.

Ушуњао бих се
у први прљави воз,
са картом у једном правцу
до друге обале.

Машиновођа би ми рекао
да је последња станица
док се будим
и не препознајем предео.

Можда бих осећао
олакшање и радост
да живим тамо негде?
Будим се...

ИЗЛОМЉЕНИ ЛИК У ЦРВОТОЧНОМ РАМУ

Знам, ти би била.
Била би и срцем то желиш,
али беспрекорна си!

Волиш лудило,
шапутање врелих речи,
и влажна си.
Чиста, сјајна.
Покрадеш и убереш
забрањене плодове
скривене у тами,
чедно то радиш!

Узела би ме свакога дана,
неколико пута,
као лек за лудило,
меру која брише изгубљено.

Мучи те он и он!
Иако кажеш ја,
он и он су они,
ја са њима смо ми!

У чашу ми сипаш...
Поклањаш ми љубав и тело.
И све пробуђене страхове...
Не могу, превише си „чедна".

НЕВИДЉИВА

Заувек би остала
грубо избрисана мрља,
репродуктивни објекат,
солидна куварица уобичајених јела.

У пијаним ноћима
Слаб је пламен оцвале екстазе.
И празнина кроз коју се гази.

Да једном није украла,
не би нестала храброст,
не би постала лик
који је умро у роману.

ИЗЛОМЉЕНО СЕЋАЊЕ

Комади папира,
посечених кривих линија,
изнуђених осмеха,
неизговорених речи.
Срча расута у пијаној обмани,
у ноћи празника похоте и неостварења.

Изрезана лица,
ожиљци жеља,
линије дланова,
све изгорело у ватри.
Без Феникса.

Улога поклоњена
подрумском артисти.
Ништа више
од изломљеног сећања
не може да се наслика.

ПАРАДОКС

Добар дан, коначно ти!
Ти, онај...
Не, нисам ја,
поглед је обмана.
Не, ти си, сигурно.
Не могу се преварити.
Збуњена си,
сунце те заслепело.
Али, глас...
Из снова знам тај глас.
Ја сам нем,
чујеш речи које исписујем.
Погледај ме!
Препознаћеш ме, сигурна сам.
Слеп сам, не видим.
По навици корачам стазом.
Зашто се ругаш?
Знам да ти си.
И свакога дана ти си, у исто време.
Не лажем те.
Ја нисам ја,
чак ни сан о себи немам,
сан никада није постојао.

ТО ЈЕ СВЕ

Украдем тренутак,
понекад и више,
и ништа.
Данима то траје.

Годинама...
И заборавим
на све.
Заспим и сањам.

Пробудим се
у непознатом веку.
Себе не осећам
додирима прстију.

Украдем јутро,
које је тренутак,
и залазак сунца.
Заспим...

УЖЕ

Требало је времена
за праву реч
која ће снажно
одмерити удаљеност.

Уже се топило
од врелог дана,
јадно и млитаво,
као све празне речи.

Бољи тренутак
био је ледени мост
преко реке,
у најкраћем дану.

Или у буђењу
првог пролећног јутра.
Тада све болести пупе и цветају.

Чекала си
да изговорим
твоју жељу и не одем.
Веровала си и овај пут
да све ће проћи.
Пламен фењера открива
сенке на твом лицу.

КАПИ

Капи...
Биле су ритмичне,
досадне, прекидале
бекство у други сан.
Одзвањале су
и сливале се низ јутро.

Избор је био немирни звук
или празнином испуњен поглед.

Капи су плесале,
сунчеви зраци су правили линије
по којима су извођене пируете.

ЗАВРШЕТАК
(ПОСВЕЋЕНО ОБЛИЦИМА)

Признајем, зао сам.
Лудак гадне нарави,
привидно миран
и ватрено осветољубив.

Правићу се наиван,
глуп и свакакав,
очи ће ми бити одсутне,
некуда лутаће.

Глас ће бити празан,
потонуће у реку.
Рибе ће загристи
мени постављен мамац.

Кајем се и тешко ми је
за све увреде,
погледе, претње.

Али... не правдам се вама.
Гмизавци сте,
хијене које лешинаре,
привид узвишености
коју себи наменисте.

Кајем се што у брлогу вашем сам,
лудо верујући
да макар искрену мржњу имате.

НИЈЕ КРАЈ

Исечен је дан,
заробљен тренутак
и иза њега није крај,
већ граница привида.

Изрезан је из сећања
неки заборављени дан,
који није почетак,
већ је насумице изабран.

Ходао сам празним сновима,
силом одабраним жељама,
али нисам стигао.

Није крај,
ни почетак није,
ништа је, све...
Не знам,
можда почетак краја зове.

ИЗРЕЗАНОСТ

Све теже подносим
изгребана лица
на скривеним,
прашњавим успоменама.

Једно по једно,
без правилног реда,
изгори као тачка
под врелом цигаретом.

Мучна су ми
сопствена кајања,
правдања заборава
и тражења опроштаја.

Изрезаност лица
додирујем јутром.
Побегнем, скривам се,
у невидљивости је први корак.
Даље настављам
кад падне магла.

СЕТА

Из промрзлог јутра
родило се сунце.
Није то прво рађање,
али нежно је,
као да је први пут.

Осмехнуо се празни поглед,
срце заиграло,
жеља пробудила се из смрти.

Сан није био празан,
мирис одлуталих корака
носио је летње кише.

Прстима је миловао облаке,
брисао пену.
Био је дан...
Један од сетом исписаних,
када би био жив.

НОЖ ХУАНА ПАБЛА

Окончано путовање кроз тунел,
скривен поглед у вагону,
привид радосне туге,
као отисак последњег пољупца.

Не (верујем), а желим,
да нису узалуд биле
све немоћне речи
додиром левог рамена.

Верујем нагости њеног тела,
осмеху окупаном августовском врелином,
мирису тамнозелене реке
и влажној постељи.

Заводница је мирисала чедношћу,
страшћу и ишчезлом тугом.
Верујем њеној превртљивости,
отисцима на мушким телима.

И луталици верујем
док плови узводно
са страшћу и мржњом,
да у врелом дану разлива страст.

Не (верујем) чедности
и расутим речима кроз таму
плесачице која лута,
бежећи од себе мени.

Нож Хуана Пабла
путовао је кроз тренутак и време,
гледајући покорне очи
које су га једине препознале.

ДВА ОБЛИКА

Насилно разбудим тело,
удахнем буђ зимског јутра,
и себи обећам лаж,
последњи пут је!

Свим празним покретима,
изнова себе преварим,
обришем капи вечери
и заспим уморним бесом.

Он, пресече кораке
и побегне у уточиште.
Са олакшањем удахне
и жељу добаци до звезде падалице.

Слатки привид,
бледом светлости,
кораке сакрије
и као отров разбуди.

Два облика,
на крајевима света
сударају се у трагању.

ПИСМО

Брже - боље,
згужвана слабост је спакована
на дар странцу.

Читко исписана
адреса слепе улице
на окер коверти,
мирисом запечаћена.

Странац је страшћу лудака,
кидајући оштре ивице,
животињским нагоном
пожелео да ишчита редове.
Припремио је врели поглед
да изгори све празне међуредове.

У врелом гашењу дана
изгубио је време,
трагајући белином упрљаног папира.
Презиром левог ока,
затворио је последњу страницу
касно сустигле мржње.

Изломљеном ивицом огледала
исцедио је последње капи,
да запечати писмо
и пусти га узводно,
ка западној обали.

Дан се није пробудио.
Писало је:
„Стара зграда се реновира!"
Изгужвани коверат избрисаног времена
чекао је дан
када ће писати — „Отворено!"

ТИШИНА ЗБРКЕ

Жив сам,
то чујем у сну.
И мисли видим
затвореним погледом.

Будан спавам.
Кроз празнину тражим
изгубљену сенку.

Ни тужан, ни срећан,
ни уморан, ни стваран.

Маршеви изгубљених у сећању,
затвореном погледу
и звуцима кише.
Ни жеље у мени,
беса, ироније, мржње.

Збрка у тишини.
Тишина у збрци.
Соба устајалог ваздуха
и сенка која спава.
Не знам који је дан.
Време ми служи
да измерим празнину
између два пораза.

ПУТОВАЊЕ

Мисао ми је била далеко,
док из десног ока сливала се крв.
Немост је моје руке везала,
речи су корачале.

Последњи бег до обале
трајао је колико две изгореле цигарете,
доручак у ходу
или летњи пљусак.

Оловна клопка
стезала ми је леву ногу,
кичма је болела
и корито је било кревет.

Умро сам давно,
без огласа на табли.
Веровали су
да сусрећу привид свакодневно.

Мучио сам мисли
које су клизиле
кроз скривене улице,
скривајући се од празних погледа.
Уморно вече се гасило.
Сат угашеног времена опомињао је
да путовање корача назад.

Путовање?
Са краја до краја,
назад до назад,
и иза... Путовање?

БОЈА ТАМЕ

Угасио сам ноћ.
Последњу нијансу таме
киша је избрисала,
док се истицало
бледило месечеве сенке.

Залутали пијанац нарушавао је језу
котрљањем празне флаше,
гонећи црну мачку.

Стражарио сам
крај сваке уличне светиљке,
чувајући улицу од даме у црном.

ЛОГОР БЕЗ ЖИЦЕ

Не памтим
колико лутања сам оставио
за собом.
Сећам се сивих киша,
мутног вртлога,
уморне реке.

На лицу су отопљене леденице,
закопани потоци,
изломљене планине.

Понекад осетим
мирис пролећне обмане
коју назирем
у угашеном ветру
и бакарног лишћа,
које је прекрило
сахрањено стабло,
исцртано у уму.

Не памтим јуче,
давно је било.
Не видим сутра,
предалеко је за додир.

Само урезујем ознаке
које ништа не значе,
у пространој тескоби
којом кружим.

НЕ ЖЕЛИМ

Снажно затварам оба уха
да ме звук не пробуди.
То није глас,
досадне капи кише се чују.

Ритмично отвараш уста,
и ништа не говориш...
Сузама и искривљеним лицем
јефтину представу изводиш.

Кажеш да то је молитва!?
Чујем шкргут.
Говориш да вулкан је твоје срце,
видим јаму одбачених старудија.

Хистерично доказе љубави
нижеш кроз празнину.
И верујеш да верујем.
Верујем да ништа од тога ниси.

ГОРКИ УКУС МЕСЕЧЕВЕ ПРАШИНЕ

Поразе сам славио сам.
Када је све јасно било,
нисам чуо гласове,
иза мене остајала је празнина.

Сваким новим поразом,
теже сам промицао.
Изрезано лице
нисам могао сакрити.

Био сам заљубљен у поразе,
жудео сам за новим, скривеним.
Били су милостиви победници,
нису ме убили.

Пребијених ногу,
гмизао сам кроз пустару.
Хијене су се смејале плену,
гадећи се укуса трулог меса.

Сањао сам
да нисам сасвим сам,
да зграбићу руку милости.

Јутро ме буди.
И жив сам,
победник...
Згаженог света.

АЛИСИНО ОГЛЕДАЛО

Залутала ноћна кап
клизила је кроз око,
до страха
и празног сећања.

Разбуђени сан
назирао је јутро
и неки непостојећи дан
који се смеши.

Сунце је отварало поглед,
очију препуних прашине
смрзнуте земље,
са окна вагона.

Уморни спавач
изгубљене жеље
додиривао је нежно
погледом ишчекивања.

Скривао лице од странаца,
гледајући своју сенку.
Бројао је кораке
до Алисиног огледала.

НЕПОСТОЈАЊЕ

Сенку није пронашао
у бетонском мраку сунчаног дана,
у скривености изникле звери.

Погледа нема
у бетонираним очима.
Осмех, који би се развукао,
прошивен је жицом.

Река је носила блато и прашину,
скривајући се у сенци
погажене џунгле.

У кревету,
додиривао је празнину.
Узбуђен, сећао се
ватром пробуђених тела.

Некада,
био је овде.
Сада,
то је непостојање!

ИЗ ПОДЗЕМЉА

Зао сам!
Највише,
толико зао
да све потамни.

Режем ћутањем,
презиром јуришам,
гневом горим,
сваки дан упропастим.

Уживам у кукавичком
скривању погледа,
тишини подлих.

Њихова мржња
моја је храна.
Њихово ћутање
моја је воља.

Испалим хитац,
реч огољена распрши се,
упрља беспрекорне.

Зао сам,
виде то у сваком погледу.
Они су чопор лешинара
без храбрости.
Мрзим ћутке.

ИЗЛОМЉЕНИ КАМЕН

Разбијен маљем,
остављен у блату,
последња замка
и препрека...

Шупаљ и нагризао,
одбачен да утоне,
постане прах.

Камен, светлео је...
Баш као тама зоре,
гаси се,
чекајући смрт постојања.

Скрива се,
да сломи кораке,
јуриша сенкама
које га одбацише заувек.

ПОРТРЕТ

Избрисао сам
лево око,
десни кутак усне
и скривено ухо.

Свезао сам језик,
у кавез закључао мисли,
иза завесе сакрио
летњи пљусак.

Прозоре сам оковао ексерима.
Отпалим зидовима
закључао сам врата.

Сасвим спреман
сачекао сам
крај дана,
скривајући портрет.

ЛОБОТОМИЈА

Надркан и шупаљ,
човек хрли у јутро.
Незагрејаном водом,
излечи први јутарњи бес.

Танком кафом
и јефтином цигаретом
угаси жељу.
По навици псовкама
разговара са кутијом.

Гади му се силиконска брбљивица
наученог празног речника
и њен депилирани гост
са мноштво купљених диплома.

Далеко је мрак од јутарњег мрака,
када ће смрдљив и бесан
заронити у ново надање.

Све између
мрака и таме,
списак је празних надања.
Ожиљак на челу је...

ДВА ПУТА ЈЕ НЕМОГУЋЕ

Купач не зарони
у исту воду.
Луталицу јутра
не додирује сунчани зрак поново.

Стаза од јуче
згажена је кораком више.
Кључ скривене одаје,
изгребан је за нови покушај.

Како умрла сенка
будна хода
када прах је расут по води
која је пресушила?

Дан који је био?
Није данашњи дан.
Два иста — немогуће је!
Један је ноћ... или...

КИШНО ЈУТРО, ДАН И...

Тупим погледом
потврђујем стање.
Кишно јутро!
И дан ће бити,
и ноћ...

Преварићу себе
ситном подвалом,
да у мокром дану
учинићу немогуће!

Празне мисли,
које клизе сливником,
однеће још једну празну жељу.

Ограда терасе,
замениће ми столицу.
Поглед је узбудљивији
и види се врх крова,
иза кога се не види сунце.

Извадићу батерије из сата,
зауставити кружење времена.
Урадићу још ситних глупости,
док будем трошио време.

У поноћ,
мирисаћу трулеж
јутарњих мисли,
које земља није прогутала.

IN MEMORIAM

Ближила се годишњица
живе смрти.
Натопљеном бојом,
из петних жила
трудио сам се
да пробудим слова.
То поглавље
сахрањеног рукописа,
који сам изгорео на сунцу
било је животно важно,
да не сахраним себе.
Убијајући...
себе сам искасапио
и лекари су, са доста муке,
пробудили ме из коме.
Склепана метална шака,
одбијала је сигнале
гњецавог остатка мозга.
Стаклено лево око,
упорно је срицало слова,
а одсечена десна нога
покушавала је да буде ослонац.
Озбиљан,
предао сам се
мукотрпном раду,
на обележавању
нескладног јубилеја.

Змија се кезила,
испод квргаве планине
у заласку дана.
IN MEMORIAM,
наставак следи!

НЕШТО НАЛИК ПЛЕСУ

Пас тужних очију,
испраћа луталицу,
скривеног испод
голог дрвета.

Плес су сви кораци,
несигурни и одбегли,
и онај последњи,
пред вратима огледала.

Она је слика из подрума,
обрисана и беспрекорно сјајна,
за нешто налик плесу,
да клизи зидом у нестајању дана.

Била би слика и плес
сневања и тишине,
и корачала би
раскошном пустоши.

У мокром дану
сакриће сан пустињске ноћи.
И зна да луталица
прећутаће тајну.

ДАН

Иза закључаних врата,
обрисаће последње трагове,
уједе, изгребану кожу
и мирисе „мушкости".

Давиће сузе и понижење
у пригушеној тишини.
Сунђер ће „осмех" натопити
и сећање на муњевити мрак.

Дресираним осмехом,
послушно ће кружити,
будећи звер
за коју не постоји.

Шапутаће заборављене реткости,
измислиће све неизмишљено.
Све за... трзај лажног усхићења.

Погледима гониће време,
успоравати празнину.
Искривљеног осмеха
заустављаће јад!

Испратиће дан,
који нико није запамтио
и слагаће
да срећа је у прећутаном.

Нову ноћ — јутро,
натопиће иза закључаних врата,
док са коже струже
нестале мирисе...

ЈУТРО

У цик зоре,
корачао је
раскопаним улицама,
остављеним да људи нестану.

И дремљива црна мачка
зевнула је на кораке,
уместо поздрава,
пожелела је радосну празнину.

Возач таксија
клизио је далеко
од пешачког прелаза,
дајући наду.

Залутали пијанац
наздравио је,
воденим очима,
за срећу.

Тражећи упаљач
за угашену цигарету,
тужна девојка
гледала је двојника.

Све стало је
у празно јутро.
Нада постоји!?
У једном јутру.

БЕЗИМЕНИ

Обрисао је празнину унутрашњости
поштанског сандучета.
Сачекао је последњи привид,
да „осмисли" илузије.

Иза решетака,
упрљаног прозора,
левим и десним оком,
послао је поруке.

Речи је пожелео
мирно кривудање,
шуми на скривеном брду
густу тишину.

(Не)уобичајену музику
разлио је на четири стране.
Ћутањем исписао је
све речи којих се плашио.

Браду, три дана стару,
оставио је нетакнуту.
А ципеле чисте,
спремљене за неодлазак.

Заспао је у миру
и рано.
Уморни, тако,
избришу време.

МИРИСНИ КОРОВИ

Лажирала је сопствену смрт,
скоро уверљиво,
да је и сама поверовала
у празни ковчег.

Оставила је адресу,
насеље празних улица,
кућа број...
Поштоноша јој је лично у руке предао.

Разне, најтеже болести,
одиграла је у монодрами.
Дуготрајни пљесак који не престаје,
још одзвања у салону за пријем одабраних.

Нетакнутост и одбаченост,
крај пећи, са пеглом у руци,
нахранила је вештичијим травама,
које бујају у влажним сновима.

У огледалу, искривљеном,
изломљеном и старом,
пронашла је фотографију
угашене девојке која је била лепа.

Између животињских нагона,
када би осушила сузе,
сетила би се избрисаног лика.

Мирис корова,
штипао је лице.
Бујао је и ниједан косач
није могао...

УСПОН И ПОСТОЈАЊЕ ПРАЗНИНЕ

Коцкарски, губитнички,
избрисао је последњу страницу календара.
Поклониће себи или...
Још једно унапред изгубљено путовање.

Руком одмахнуће
на неколико протраћених дана
и не верујући у речи,
изговориће — идем.

Скоро да заклетва
биће обећање,
да ниједан тренутак
неће бити разорен.

У паду,
чврстом вером у себе,
видеће сјајни дан и сан.

Обрисаће капи беса,
у неком пресликаном јутру,
и прошапутаће гневно — НЕ.

Ситна киша и најдужи мрак,
давиће црно срце
и плесати.

У замагљеном огледалу,
групном портрету јубилеја,
препознаће изрезане трагове,
мање наде и...

Две последње странице
висе на зиду,
и мање сигуран је...
Успон и постојање празнине
станари су живота.

СМРТ ЈЕДНЕ ПРЕДСТАВЕ

Представа о смрти илузија,
горки игроказ о нестварности,
избрисан је са репертоара.
Не, није забрањена!

Глас из подрума
слегао је рамена,
правдајући ћутање
док је ветар уручио одлуку цензора.

Не читајући образложење,
редитељ, писац и једини глумац,
брже - боље распустио је трупу,
одврнуо сијалицу
и затворио поломљени прозор.

На прстима се ишуњао
у свежи мрак,
носећи кесу
и уклањајући поцепани плакат.

Помислио је...
Следеће насељено место
мање је мртво
и можда ће неки жив залутати.

СУСРЕТ(И)

Сударили су се празним погледом
ходник је био лишен светлости.
Виктор је ломио прсте,
а Владимир је гасио цигарету.

Виктор је знао.
Владимир наслућује
да први корак у тамници
није цена искупљења.

Овоме са дужим именом
журило се да победи,
победник је свој пораз
претварао у искупљење.

Паливши беспотребно нову цигарету,
пожелео је да га упита о смислу?
Ветар је брисао трагове
иза широм отворених врата.

Он је ја, а ја нисам он,
и он је ...
Мучио се В... завршавајући
последњу причу за књигу.

Виктор се вратио,
улица бледе магле,
скривала је замраченим месецом
празну торбу успомена.

В. је муком клизио
последњим страницама.
Остало је још име јунака и крај,
али ...

Ходник је био светлији,
јасно се назирала сенка.
„Да ли сам прозван у одсуству?"
„Не, само су потражили Виктора."

„Он данас неће доћи!"
„Рекао сам им, али узалуд..."
„Ти, којом тескобом ходаш?"
„Оболео сам од бесмисла."

„Ја сам се излечио,
избрисао сам себе
и они знају да не постојим!"
„Ја никада нећу,
недостаје ми неколико страница дневника."

ОПОМЕНА

Човек без мисли,
газио је врелину,
тешких руку од ужета
и ватреног зрна.

У било каквом дану,
на препешаченој стази,
просипао је ватру,
већ угашеног отрова.

Бледи анђео
гушио се у задаху.
Црни човек у белом,
загрљајем враћао је живот.

Мач правде,
изрезао је ране,
да последњи отров
отпусти гнев.

Уплашен,
миловао је знак,
никада више туђим гневом
неће мерити невидљиву књигу.

ИНИЦИЈАЛИ ИЛИ РАСКОШ БЕСТИДНОСТИ

Са два велика слова
и две тачке
које их раздвајају,
забележен је нестанак или смрт или...

Неважан човек,
жена у неважном догађају
неважни су за криву линију
која пробија облак.

Плаче се због угинућа
острелог кућног љубимца
краљевске куће
или неке друге битанге.

Позната звезда
платила је вест
о секс скандалу
да пробуди заборављеност.

Два велика слова
и тачке између њих
само су статистика
краја света.

#3366

Ред бројева без смисла
или намерно баналан
отвара ми ум и кораке.

Бројим дане
и чини ми се
да наредни нећу досањати
док прескачем храпаве препреке.

Хоћу!?
Примићу поруку,
штуру и јасну,
запамтићу и поцепати мисао.

Ако се догоди,
наредни след плеса,
то сигуран је знак,
да сенка ће корачати крај друге сенке.

Видећу сјај мутан,
у угушеној тами,
а меки додир језе
избријаће ми браду од неколико дана.

КОРАЦИ

Бледи кораци
давили су сенку
која уморно исписује
оловна слова.

Смрт је плесала
између два буђења.
Она се отимала
нежељеном загрљају.

Уснули дан нудио је
предах и скривено уточиште.

Изгубљена она,
изабрала је крај
последњом оловном речи
у нежељеном загрљају.

ИЗМЕЂУ

Између два мрака
скупљам капи светлости,
које испаре
пре удаха привида.

Додирнем сахрањено стабло,
обришем паучину,
распале звезде
и ципелом уклоним лишће.

Преварим себе
док храним се маглом
и мирисом смога
скривам улице.

Залутали облик
поздрави ме,
несигуран у поздрав,
верујући да и ја...

Невољно сечем празно време,
између два мрака.
И добро знам!
Ништа...
Између...

ПОНОВО ЈУТРО

Натопљено јутро
удахнуо сам
кроз два исцртана круга
прозорског окна.

Дан ће бити празан и баналан.
Нећу знати да ли је последњи
или још један сличан.

У огледалу
још једна посекотина
клизиће до срца.

На улици
поклонићу странцу
металну играчку
да испали хитац
и оконча општи презир.

Жена са шеширом
устукнуће пред сечивом
које јој поклањам
да изреже ми поглед.

Залутали на киши
бежаће од сенке.
И биће у чуду
лудак их прогони,
тражећи да му поклоне смрт!

Јутро!
Дан!
Вече!
И...

„ХОД ПРАЗНИНОМ"
ВЛАДИМИРА РАДОВАНОВИЋА

Од првог сусрета са аутентичним књижевним стваралаштвом Владимира Радовановића, препознајем истанчан песнички сензибилитет и израјаз у његовим прозним пасажима. Његова интелектуална и перцептивна ширина, уз непобитан дар за писање, учинили су да се одважи упустити и у песничке воде. Збиља, био је потребан проток времена, да освести поетски нуклеус у себи, те да га без претензија доживимо и као песника.

Требало је време
за праву реч
која ће снажно
одмерити удаљеност...

Читалачка публика се изнова уверава да његове речи трпе „два књижевна агрегатна стања": прозу и поезију. Наглашава чулну опсервацију спољашњег света и створену емоцију, на уштрб колорита. Све то чини слободним стихом, у које уплиће снажне и тешке поруке, које нас нагоне на будност и запитаност.

Владимир или, боље речено, његов *alter ego*, успева да нам дочара сву хипокризију и суноврат данашњице која се обрушава на њега, гонећи га изнова у (само)деструкцију. И ма колико тај терет био бременит, а врх планинског масива уз чију литицу попут Сизифа гура камен, био висок и ма колико ветрењаче на које јуриша попут Дон Кихота, на кога сличи, биле удаљене и недостижне, он не одустаје.

*Мисао ми је била далеко
док из десног ока сливала се крв.
Немост је моје руке везала,
речи су корачале...*

И док хода празнином у друштву сопствених речи, застаје крај одморишта, тек да се окрепи и да нам, кроз густ облачак дима који је издахнуо, поручи стиховима:

*Док ходам улицама
само мени намењеним
знам да је све моје:
и први корак,
и први сигуран корак,
и сваки наредни
и онај последњи...*

Или пак овим:

*Стаза од јуче
згажена је кораком више...*

Наставља даље, не жури, јер не касни:

*Извадићу батерије из сата,
зауставити кружење времена...*

На тај начин, у неком особеном Матриксу, актуелизује моментум.

*Не памтим јуче,
давно је било.
Не видим сутра,
предалеко је за додир...*

На једној од његових успутних, поетских станица, сусрешћете се са хаику поезијом:

*Пас тужних очију
испраћа луталицу
скривеног испод
голог дрвета.*

Зато, пустимо поетског прозаисту и прозног песника да нам на волшебан начин прикаже како се то бесмисао осмишљава и како истина о њему васкрсава сваком написаном речју, јер:

*Истина не касни
баш као ни смрт...*

Желим Владимиру срећно књижевно путешествије, а знам да ће прећи и Рубикон!

Саша Миловановић

ХОД ПРАЗНИНОМ ОДЈЕКУЈЕ СТИХОМ

Са благом неверицом у битни састојак свог стваралачког духа, Владимир Радовановић се недавно отиснуо у поетске воде, а публика је, од првог стиха који се, попут весника пролећа, појавио под снегом, заинтригирана, дочекала прву збирку поезије. Као неко ко је од почетка пратио његов рад, лично нисам имала никаквих недоумица да у њему егзистира песнички потенцијал. Већ након друге збирке прича, имала сам утисак, а он је потврђен и појединим сентенцама његових романа, да слојевитост и дубина емоције којом је заоденут, овај књижевник заправо само претаче свој крик из нарације у стих и обрнуто.

И богиња страсти Сапфо, усудила се да се посвети поезији. Можда је прошла улицама Радовановићевог генијалног ума и удахнула му инспирацију, као шапат прикривених и отргнутих жеља.

„Ход празнином" је назив збирке која ни по чему не одаје почетничке напоре, већ клизи низ грло у својој зрелости попут старог вина. Никада нам неће признати колико дугих живота је поезија обитавала у њему пре него што ју је ослободио окова и пустио на светло дана.

Владимир Радовановић слободним стихом плете једну танану мрежу, која као да је осетљива на светло, звуке, на подстицаје спољног света, јер његове речи бирају тренутке који су правили понекад куле од песка, понекад зидине одбране. Као и у прози, и у поезији аутор је под тешким теретом несхваћености. Осећа се невидљиво, безначајно, а у недостајању бесмртно.

Немачки филозоф Шопенхауер је рекао: „Оптимиста је песимиста који не располаже свим чињеницама." Тако и Владимир огољава душу, огољава грешне појаве, људе, уходи своје уходе, у покушају да проникне до спокоја. Његове унутрашње борбе са искривљеним обрисима декадентног света доводе у питање смисао свега, чак и постојања. Песник сматра нестајање мањим злом од илузија света који га окружује, као у песми „Стање облика":

Размишљам о смислу,
то ме чини несрећним.
Желим хладну цев
и врели пламен.
Да све траје тренутак.
И нестане.

Чувени француски песник Пол Елијар (у мом слободном преводу) у својој песми „Људско лице" давно је приметио:

И тако
све док сви не нестану
у празно
време ће бринути будале
док само пакао
од тог користи има,
а мудри испадају апсурдни.

Топло препоручујем збирку „Ход празнином" свима који знају да је поезија бакља којом растерујемо мрак.

Драгица Мајсторовић - Драга

ПАРАБОЛА О ВИРТУЕЛНОЈ САМОИДЕНТИФИКАЦИЈИ

Збирка песама „Ход празнином" је поетски првенац Владимира Радовановића који се до сада, са много успеха, огледао у прози кратке форме, као и у роману „Месечева улица". Овом збирком најављује своје амбиције и у тзв. „чистој поезији".

Одмах постаје јасно да Радовановић и на овом пољу има шта да каже. Данас, у поплави објављивања стихотворенија, није лако пронаћи дела која заслужују високу оцену, без обзира што су многа од њих добитници бројних (и звучних) књижевних награда, којих у овој земљи, сматра се, има неколико стотина.

Кроз песме ове збирке рачвају се токови лирског субјекта, а кроз њега се прелама опскурно доба бременито фобијама, мрачним сумњама и неизвесношћу бивствовања. Управо таква струјања огледају се кроз језички фонд заступљен у овим песмама. Овде је све стављено у службу артистичке експресије и семантичког дискурса певања. Дотле, конфузија и пометеност човека, захваћеног вртлозима разгоропађеног времена, огледа се кроз бројне стихове.

Посут прахом неспокоја, отуђени човек, несигурно корача кроз постапокалиптични простор и непојамно време. Такав, он покушава да из дубоких кладенаца, из праизвора свога бића извади давно потопљене илузије о обећаном животу, о земљи благостања. Уместо тога налази само крхотине својих сновиђења и уплашен, збуњен, он „бежи од свих и свега", али и даље упорно маше апотропејским страшилима, као амајлијом, као молитвеницом пред градоносним црним облацима да растера силе непојамне око себе и у себи.

Поетски дискурс ових стихова нагиње ка трансценденталном поимању стварности. Ту међу стварност песник укида и то чини трансформишући је у сурогат самог постојања. Поетски субјекат овде свет доживљава халуцинантно, фантазмагорично. Он је сад изубијан, са ранама по души и телу.

Босих ногу газио сам трње
и врео асфалт.
Крваве трагове лизале су
дивље звери.
Стакло је резбарило
линије бекства
док су, све немоћније,
ослонци нестајали.
(Ход празнином)

Сузе су речи које чекају да буду записане, али, песник Владимир Радовановић не плаче, нити он рида над богомданим фатумом. Напротив, он се не предаје, нити се каје због почињеног.

Мучна су ми
сопствена кајања,
правдања заборава
и тражења опроштаја.
(Изрезаност)

Кроз ове песме провејава метафизичка глад за новим изазовима поетског јаства. Маниром енформелом на платну бивства оцртана су привиђења и саблазни што упорно изводе свој *dance macabre*. Они овдашњег стихотворца ни на који начин не могу заплашити. Дотле, за њега постоје два диспаратна пута од којих му ни један не нуди решење. Зато он, прекорачујући границу катастрофалне стварности, врши интроспекцију сопственог ега. Залази у простор само њему доступан и гушчијим пером (замоченим у крв свога сопственог анђела чувара) врши вивисекцију постојећег, морбидног стања клонулог света. Као скалпел, служи му оштра, убојита реч, којом креће у обрачун и освету.

Признајем, зао сам,
лудак гадне нарави.
Привидно миран
и ватрено осветољубив.
(Завршетак)

Према коме је то песник осветољубив, распомамљен? Ни према људима, ни према боговима, већ према дијалектици рањиве душе, према вулгарним аспектима лепоте, која му се нуди као надокнада за изневерена обећања која су му дата на рођењу, јер он још увек чује топовске салве испаљене тада у његову част, чији се одјек касније претворио у јек претећих громова.

Ракурс гледања на свет и на људе овде је померен са равни живота тако да песник Радовановић са те тачке, као са какве осматрачнице, врши осматрања из сасвим посебног, искошеног угла, постављеног веома ниско, готово из жабље перспективе и управо таква позиција њему омогућава да фокусира оне догађаје, стања и ликове који би му, иначе, били недоступни.

Симптоматични називи песама из ове збирке говоре управо у прилог томе и као потврда да Радовановић зна да одабере свој прави *point of view*. Тиме постиже дубинску дијагнозу света на умору. Виртуелна самоидентификација субјекта доприноси да се постигне снажан мистично-метафизички набој експресије.

Али глас...
из снова знам тај глас.
Ја сам нем,
чујеш речи које исписујем.
Погледај ме.
Препознаћеш ме, сигуран сам.

*Слеп сам, не видим,
само по навици стазама живота.*
(Парадокс)

Кроз слике сопствених успона и падова Радовановићев алтер его настоји да крхотине негдашње лепоте бачене на депоније времена врати у првобитно стање. Када му то пође за руком, он пада у дубину својих потиснутих афеката.

Уверљивост вођења поетске нарације дата је овде кроз бројне примере. Третман језика, уланчаност појединих синтагми и ритам певања делују синхронизовано упркос разбијеној конструкцији стиха.

Што се тиче самог концептуалног аспекта ових песама, изражајних средстава и тематике могло би се рећи да је у свему томе постигнут завидан ниво креативности. Има у овим песмама нечега и од рембоовске и бодлеровске провинијенције, као и духа француских симболиста на ширем плану — Маларме, Верлен, Бодлер.

*Не памтим колико лутања
сам оставио за собом.
Сећам се сивих киша,
мутног вртлога,
уморне реке.*
(Логор без жице)

Снажно је пристуна и „боја усамљености" у збирци „Ход празнином", управо оно што је апсурд овога доба. У мравињаку света човек се данас као јединка осећа усамљен, изопштен из васколиког конгломерата збивања залудних ствари. У том калеидоскопу и општем метежу он себе не успева да пронађе. Владимир Радовановић својом артистичком кичицом и те како зна да сагледа све то са онога свога *point of view*, да врати пут тог уклетог ахасфера, вечног губитника, кроз досуђени му простор и време, звани фатум.

Мића Миловановић

О ЗБИРЦИ „ХОД ПРАЗНИНОМ"

Ако се некад за Ђуру Јакшића говорило да је „сликар у поезији — песник у сликарству", за Владимира Радовановића би се могло рећи да је „песник у прози — прозаиста у поезији". Наиме, као у својим ранијим прозним делима, Радовановић се и у збирци песама „Ход празнином" на један особен, прилично лирски, начин бави егзистенцијалном драмом савременог човека.

Кроз целу збирку се, као црвена нит, провлачи сав бесмисао живљења данашњег, пре свега урбаног, човека, који је, како песник лепо запажа, претворен у „Облик". Заиста, савремени човек је својом безосећајношћу, себичношћу, фактичком усамљеношћу, грамзивошћу и западањем у духовно ништавило, у огромној већини, постао оно што Св. апостол Павле назива *sarkykos* или, кјеркегорски речено, није прешао из естетског у етички ниво егзистенције. Све се то белодано види у скоро свим песмама Радовановићеве збирке. Као што је својевремено приметио Иван Растегорац, Радовановић суптилно примећује да су главни проблеми данашњег човека губитак оријентације и анимализација егзистенције. Другим речима, „модерни" човек личи на планету која се, због губитка силе гравитације, одвојила о свог сунца и „безглаво" лута по свемиру.

Иначе, Радовановићеве песме су, ако се тако може рећи, пост-постмодерне и намењене су поетским сладокусцима.

С друге стране, неке од њих „миришу" на поетске творевине Момчила Настасијевића или, на пример, Васка Попе. Ако је тачно да поезија боље тумачи свет и место човека у њему од метафизике, како тврде неки мислиоци, збирка песама „Ход празнином" Владимира Радовановића само то потврђује. На крају, аутор ових редова би истакао стихове из неких песама наведене збирке који су на њега оставили најјачи утисак:

Све што нисам,
избрисано је.
(Без паметног наслова)

Дрво је крикнуло са првим мразем
певајући оду болу огољених дана.
(Бледило)

Пристала си,
круг си оба ока.
(Плес тишине)

...раширим руке,
милујем сунце.
(Ништа)

Туђи живот не можеш живети.
(Туђи живот)

Живиш живот који не желиш.
(Погледи у празно)

Уснио сам дан
који није рођен
желео бих га у једном буђењу.
(Самообмана)

Искривљеност — цела песма је одлична.
Облик — Песма је антологијска.

Поглед у вечност био је умирући.
(Плес сутрашњег дана)

Време је давно заустављено.
(Нестварно)

Само ретке птице опстају.
(Пролазник)

Опасност је ћутање!
(Коначно)

Изнуђена туга каска
за изгубљеном срећом.
(Средње с(т)(р)ање)

Ја нисам ја,
чак ни сан о себи немам,
сан никада није постојао.
(Парадокс)

И луталици верујем
док плови узводно
са страшћу и мржњом.
(Нож Хуана Пабла)

Умро сам давно,
без огласа на табли.
(Путовање)

Оболео сам од бесмисла...
(Сусрет(и))

Владан Јовановић

БЕЛЕШКА О ПИСЦУ

Владимир Радовановић рођен је 22. априла 1964. године у Чачку, где и живи. Члан је Удружења књижевника Србије од септембра 2020. Представник је књижевног правца депресивизма. За себе каже да је као писац глас невидљивих и да осмишљава бесмисао.

До сада је објавио пет књига кратких прича и два романа. *Ход празнином* Владимирова је прва збирка песама.

САДРЖАЈ

БЕЗ ПАМЕТНОГ НАСЛОВА	5
БЛЕДИЛО	6
ЛЕДЕНА КРАЉИЦА	7
ПЛЕС ТИШИНЕ	8
ТУНЕЛ И БЕЗИМЕНИ СПОМЕНИК	9
НЕ МОГУ БИТИ КОПИЈА	10
ПРЕДГРАЂА	11
НИШТА	12
ТУЂИ ЖИВОТ	13
ОГЛЕДАЛО	14
ДАТУМ	15
ЦРТЕЖ	16
ПОГЛЕДИ У ПРАЗНО	17
АКО	18
ГРОТЕСКА	19
ПРИВИД	20
НАРУШЕНОСТ (промицање)	21
САМООБМАНА	22
СТАЊЕ ОБЛИКА	23
НАЈДАЉЕ	24
ТРЊЕ И СВИЛА	25
ЖЕЉА ЈЕДНЕ СЕНКЕ	26
ХОД ПРАЗНИНОМ	27
ИСКРИВЉЕНОСТ	28
НА КРАЈУ	29

СЛИВНИК	30
ПЛЕС СУТРАШЊЕГ ДАНА	31
НЕСТВАРНО	32
ПРОЛАЗНИК	34
ИЗЛОМЉЕНА ОГЛЕДАЛА	36
ИЗМАГЛИЦА И НАЛИЧЈЕ	37
КОНАЧНО	38
СРЕДЊЕ С(Т)(Р)АЊЕ	39
МИНИЈАТУРА	40
ОБЛИК	41
ДА...	42
ИЗЛОМЉЕНИ ЛИК У ЦРВОТОЧНОМ РАМУ	43
НЕВИДЉИВА	44
ИЗЛОМЉЕНО СЕЋАЊЕ	45
ПАРАДОКС	46
ТО ЈЕ СВЕ	47
УЖЕ	48
КАПИ	49
ЗАВРШЕТАК (ПОСВЕЋЕНО ОБЛИЦИМА)	50
НИЈЕ КРАЈ	51
ИЗРЕЗАНОСТ	52
СЕТА	53
НОЖ ХУАНА ПАБЛА	54
ДВА ОБЛИКА	56
ПИСМО	57
ТИШИНА ЗБРКЕ	59
ПУТОВАЊЕ	60
БОЈА ТАМЕ	61
ЛОГОР БЕЗ ЖИЦЕ	62
НЕ ЖЕЛИМ	63
ГОРКИ УКУС МЕСЕЧЕВЕ ПРАШИНЕ	64
АЛИСИНО ОГЛЕДАЛО	65
НЕПОСТОЈАЊЕ	66

ИЗ ПОДЗЕМЉА	67
ИЗЛОМЉЕНИ КАМЕН	68
ПОРТРЕТ	69
ЛОБОТОМИЈА	70
ДВА ПУТА ЈЕ НЕМОГУЋЕ	71
КИШНО ЈУТРО, ДАН И...	72
IN MEMORIAM	73
НЕШТО НАЛИК ПЛЕСУ	75
ДАН	76
ЈУТРО	77
БЕЗИМЕНИ	78
МИРИСНИ КОРОВИ	79
УСПОН И ПОСТОЈАЊЕ ПРАЗНИНЕ	80
СМРТ ЈЕДНЕ ПРЕДСТАВЕ	82
СУСРЕТ(И)	83
ОПОМЕНА	85
ИНИЦИЈАЛИ ИЛИ РАСКОШ БЕСТИДНОСТИ	86
#3366	87
КОРАЦИ	88
ИЗМЕЂУ	89
ПОНОВО ЈУТРО	90
„ХОД ПРАЗНИНОМ" ВЛАДИМИРА РАДОВАНОВИЋА	93
ХОД ПРАЗНИНОМ ОДЈЕКУЈЕ СТИХОМ	96
ПАРАБОЛА О ВИРТУЕЛНОЈ САМОИДЕНТИФИКАЦИЈИ	98
О ЗБИРЦИ „ХОД ПРАЗНИНОМ"	102
БЕЛЕШКА О ПИСЦУ	105

Владимир Радовановић
ХОД ПРАЗНИНОМ

Лондон, 2025

Издавач
Globland Books
27 Old Gloucester Street
London, WC1N 3AX
United Kingdom
www.globlandbooks.com
info@globlandbooks.com

Лектура
Маја Богосављев
Софија Ивановић

Насловна фотографија
Harry Cao
(https://unsplash.com/photos/
person-wearing-brown-boots-708WvYRdfhY)

www.ingramcontent.com/pod-product-compliance
Lightning Source LLC
Chambersburg PA
CBHW052213090526
44584CB00017BB/2294